BECOMING

creative   *thoughtful*   **BECOMING**
strong

BECOMING
inspired   *honest*   *open*

BECOMING   BECOMING
purposeful   *driven*   *creative*

BECOMING   BECOMING
helpful   *happy*   *curious*

BECOMING   **BECOMING**
secure   *brave*   *thankful*

I AM BECOMING

우리의 이야기는 우리가 가진 자산.
언제까지나 지니고 있을 자산입니다.
우리는 저마다의 이야기를 소유합니다.

이 이야기는 나,

_____의 것입니다.

비커밍,
무언가가 되어간다는 것은
어딘가에 다다르거나
어떤 목표를 달성하는 것을
뜻하지 않습니다.
그것은
앞으로 나아가는 움직임,
진화하는 방법,
더 나은 자신을
끊임없이 추구하는 과정입니다.

『비커밍』을 출간한 후, 많은 사람이 제게 비슷한 반응을 보였습니다. 모르는 사람도, 친구도, 가족도. "어떻게 그렇게 시시콜콜 기억해요?" 그런 말을 들으면 저는 슬쩍 웃음이 났습니다. 『비커밍』을 쓰던 시간을 돌아볼 때 가장 생생하게 떠오르는 것은 손에 잡힐락 말락 애태우는 기억을 붙잡으려 애쓰던 기분이니까요. '그 애 이름이 뭐였지? 그 결정을 버락과 의논하기 전에 내렸던가, 뒤에 내렸던가? 그 유세 행사가 어느 주에서 열렸더라?'

사실 제가 일기를 쓴 기간은 짧았습니다. 버락과의 관계가 진지해진 데다가 직업을 바꾸고 싶어서 고민하던 20대 후반 두어 해 동안만 썼죠. 많은 것이 변하던 격랑의 시기였는데, 일단 머릿속 생각을 글로 적어보았더니 그런 변화를 헤쳐나가는 데 도움이 되더군요. 그 후 일기장을 밀어두었다가, 『비커밍』을 쓰기 시작하면서야 다시 집어 들었습니다. 그런데도 일기장을 펼치자마자 당장 과거로 돌아간 기분이 들더군요. 그 시절 느꼈던 따뜻함, 괴로움, 좌절감이 일시에 밀려들었어요.

스스로에게 물었습니다. "내가 왜 일기를 더 많이 쓰지 않았지?" 여러분 중에도 그런 분이 많을 테지만, 저 또한 아주 단순한 이유 때문이었죠. 바빴다는 것. 저는 직업을 바꾸고 결혼을 하고 아이를 낳았습니다. 그러다 문득, 아직도 잘 믿기지 않는 일입니다만, 드레스 차림으로 백악관에 있게 되었죠.

이제 와서 하는 말이지만, 그때 제 생각과 느낌을 더 많이 적어두었다면 참 좋았겠죠. 어째서 그러지 않았을까요? 약간 겁났던 것 같기도 합니다. 머릿속 생각을 종이에 적는 순간 그 생각이 지나치게 무거워지는 듯한 느낌이 없지 않으니까요.

하지만 이제 저는 그보다 훨씬 단순한 진실을 하나 더 압니다. 바로 우리가 모든 걸 기억할 필요는 없다는 것, 하지만 우리가 기억하는 건 그게 무엇이든 다 소중하다는 것입니다.

시적으로 근사하게 쓸 필요는 없습니다. 벼락 같은 깨달음이 찾아오기를 기다릴 필요도 없습니다. 꼭 매일 쓸 필요도 없고, 뭔가 중요한 말만 적어야 하는 듯 여길 필요도 없습니다. 평범한 이야기를 적어도 됩니다. 시카고의 춥디추운 아침에 이웃이 자동차 앞유리 성에를 긁어내는 소리, 봄맞이 대청소를 끝낸 뒤 집 안에 감도는 세제 향기, 공항까지 마중 나온 엄마의 차를 타고 집으로 돌아가던 길…. 내일 할 일 목록을 작성하는 것도 좋죠! 제가 일기장에서 제일 좋아하는 글이 뭔지 아세요? 특별한 일이라곤 전혀 없었던 어느 날 저녁, 동네 식당에서 웬 어르신이 주크박스로 진짜 좋은 노래만 줄줄이 트는 거예요. 그걸 적은 날의 일기를 정말 좋아합니다.

모든 것이 소중합니다. 그 모든 소리와 향기가, 웃음과 고통이. 그 모든 것이 결국 우리의 이야기를 이루니까요. 여러분이 이곳에 자신의 경험, 생각, 감정을 불완전하면 불완전한 대로 가치를 판단하지 않고 적어두기를 바랍니다. 경험을 더 그럴듯하게 다듬거나, 실제 느낀 것과는 다른 느낌을 꾸미거나, 애써 어떤 완벽한 결론을 끌어내려고 하진 마세요. 인생이 왜 아름다운 건데요. 오늘의 경험이 불과 몇 달 뒤, 혹은 몇 년 뒤나 몇십 년 뒤에는 전혀 다르게 느껴진다는 점에서 아름다운 건데요. 그때 이 기록을 다시 펼치면, 지금은 미처 알지 못하는 자신의 모습을 볼 수 있을지도 모릅니다. 이제 막 출발선에 선 분은 더 그럴 것입니다. 그런 시기에는 기쁨도 상처도 너무 사무치게만 느껴지곤 하니까요. 글쓰기는 그 모든 것을 다루는 방법이자 이해하는 방법, 그리하여 성장하는 방법입니다. 물론 기억하는 방법이기도 하고요.

당신이 여기 쓸 이야기들을 있는 그대로 바라보고 받아들이는 것, 어쩌면 바로 이것이야말로 당신이 무언가가 되어가는 과정에서 가장 중요한 일일지 모릅니다. 다른 누구도 아닌 당신 자신의 것으로 받아들이는 일 말입니다.

사랑을 담아,

Michelle Obama

만약 당신이
자신의 이야기를 중요하게 여기지 않는다면,
남들도 그것을 중요하게 여기지 않을 것입니다.
그러니, 비록 어렵더라도 용기를 내어
당신의 진실을 남들에게 말해야 합니다.
세상이 그 이야기를 들어야 하기 때문입니다.

당신의 이야기, 자신에 관한
가장 중요한 진실은 무엇인가요?
어떻게 그것을 받아들이게 되었나요?

당신의 이야기가 갑작스레
방향을 튼 일이 있었나요?

BECOMING

특별히 좋아하는 격언이나 문장들을 적어보세요.

DATE   /   /

살면서 가장 자랑스러웠던
순간은 언제인가요?
아주 상세히 적어보세요.

BECOMING

자신감을 품으라고,
한계는 없다고,
원하는 것은 무엇이든 해낼 수 있다고
부모님은 내게 가르쳤습니다.
그리고 나는
모든 것을 원하는 아이였습니다.

당신은 무엇을 원하나요? 이뤘으면 하고 바라는 것을 열 가지 적어보세요.
그 바람을 이루기 위해 필요한 단순한 방법도 하나씩 생각해보세요.

1.

2.

3.

4.

5.

6.

7.

8.

9.

10.

어린 시절 살던 집이
어땠는지 떠올려보세요.
가장 독특한 점은 무엇이었나요?
친구들 집과 어떻게 달랐나요?

지금 사는 집이 어떤지 적어보세요.
친구들 집과 어떻게 다른가요?
지금 집에서 가장 마음에 드는
점은 무엇인가요?

어린 시절 자란 동네가 어땠는지 적어보세요.

어떤 점이 특별했나요? 힘든 면은 없었나요? 동네로부터 어떤 영향을 받았나요?

내게는 아무것도 없었습니다.
또는 모든 게 다 있었습니다.
결국 내가 어떤 이야기를 들려주고
싶은가에 달린 문제입니다.

어려서 즐겨 먹거나 좋아했던 음식 다섯 가지를 꼽아볼까요.

2.

3.

4.

5.

잊혀지지 않는 저녁 식사의 기억을 떠올려보세요.
어디에서 무엇을 먹었나요?

BECOMING

어릴 때 방학이 되면
무엇을 했나요?

어릴 때 즐겨 했지만 지금은
시간이 나지 않아 못 하는
활동이 있나요? 다시 시작할
방법도 생각해볼까요.

BECOMING

지금은 세상을 떠난 사랑하는
사람이 있다면, 그런데 그와
다시 대화할 수 있다면,
무엇을 물어보겠어요?

할머니 또는 할아버지의 고향은
어디인가요? 그분들이 어떤
환경에서 살았는지, 어떤 역경을
겪었는지 들어본 적 있나요?

BECOMING

살면서 깨달은 바가 하나 있다면,
자기 자신의 목소리를 내는 것에는
힘이 있다는 사실입니다.

자신의 진실된 이야기를 다른 사람에게 들려줬던 때를 떠올려보세요.
그때 기분이 어땠나요? 그 경험이 준 깨달음이 있나요?

DATE   /   /

어떤 사람이 되고 싶나요?

세상에 어떻게 기여하고 싶나요?
그러기 위해서 올해 할 수 있는
작은 행동은 무엇이 있을까요?

BECOMING

이달에는 용기를 내어, 다른 사람에게 당신의 이야기를 조금 더 들려주세요.
상대의 이야기도 들려달라고 청하세요. 이야기를 듣고 들려주는 일을 통해 당신 자신에 관해서,
또 그 사람에 관해서 새롭게 깨달은 바가 있나요?

자신을 남들에게 알리고 들려주는 것,
자신만의 이야기를 가지는 것,
자신만의 목소리로 말하는 것은
그 자체로 힘이 됩니다.
그리고 기꺼이 남들을 알고
이야기를 듣고자 하는 것은
고귀한 일입니다.
내게는 이것이야말로
무언가가 되어가는 일입니다.

어린 시절 배운 최고의 교훈이
있다면 무엇인가요?

BECOMING

내게는 가족이 곧 세상이었고,
모든 것의 중심이었습니다.

당신에게 가족은
어떤 의미인가요?

사랑하는 사람들과 함께했던 추억
가운데 가장 소중한 것을
떠올려서 자세히 적어보세요.

완벽하게 행복했던
하루에 관해 들려주세요.
아침부터 밤까지요!

BECOMING

열네 살의 자신에게 편지를
써보세요. 어떤 조언을 해주고
싶나요? 그 아이의 미래가 어떨지
조금 귀띔해주는 것도 괜찮겠죠.

DATE   /   /

미래의 자신에게 편지를 써보세요.
앞으로 어떤 일이 펼쳐지면
좋겠는지, 그 기대를 담아서요.

BECOMING

지금까지 살면서 가장 마음에서 우러나서 해본 일은 무엇이었나요?

한 해 동안 겪은 굉장한 일 열 가지를 꼽아볼까요.

1.

2.

3.

4.

5.

6.

7.

8.

9.

10.

나는 여성이고, 흑인이고, 강했습니다.
그런데 특정 사고방식을 지닌
사람들에게는 그 사실이
'성난 사람'이라는 한 가지 뜻으로만
번역되는 듯했습니다.
그것은 또 하나의 유해하고 진부한
고정관념이었습니다.
모든 분야에서 소수 인종 여성을 주변부로
내모는 데 사용되어온 고정관념,
우리 같은 여성이 하는 말에
귀 기울일 필요 없다는 생각을
무의식에 심는 고정관념이었습니다.

고정관념의 대상이 되었다는
느낌을 받은 적 있나요?
그때 어떻게 반응했나요?

BECOMING

DATE   /   /

창밖을 내다보세요. 지금
보이는 풍경을 묘사해보세요.

당신이 태어난 날 세상에 벌어진
인상적인 사건은 무엇이었나요?
그 일은 오늘날에도
의미 있는 일인가요?

BECOMING

최근 읽은 책 중
제일 좋았던 책은 무엇인가요?
거기서 무엇을 배우고 느꼈나요?

너무 좋아서 하루 만에 독파해버린
책이 있었습니다.
토니 모리슨의 『솔로몬의 노래』였습니다.
그 책 덕분에 독서를 좋아하게 되었습니다.
그 전에는 사실 독서를 의무처럼 여겼거든요.
하지만 그 책은 손에서 놓을 수가 없더군요.
눈을 떼지 못하고 읽어 내렸지요.
이후 많은 책을 그렇게 읽었지만,
처음은 『솔로몬의 노래』였습니다.

DATE   /   /

당신이 좋아하는 재미난 일을 열 가지 적어보세요.

1.

2.

3.

4.

5.

6.

7.

8.

9.

10.

가지고 있는 물건 중 최고의 보물은 무엇인가요?
어떻게 당신 손에 오게 되었나요?

패배감이란
실제 결과가 나타나기
한참 전부터 느껴지는 감정이고,
자기 회의와 함께 증식하는 취약함입니다.
그리고 두려움이 그 취약함을 부추깁니다.
때로는 의도적으로 말이죠.

개인으로서 혹은 부모나
공동체의 일원으로서,
거짓 두려움과 패배감의
악순환을 끊는 데 어떻게
보탬이 될 수 있을까요?

DATE   /   /

좋아하는 사진을 한 장 고르세요.
사진 속 장면을 묘사해보세요.

아는 사람 중 가장 행복해 보이는
사람은 누구인가요? 그는 어디에서
기쁨을 찾는 것 같나요?

새로운 관점으로 바라보려고 애쓰고
그동안 안주해온 영역에서 과감히 벗어날 때,
그때 우리는 자신을 더 깊게 알게 됩니다.

세상 어디로든 갈 수 있다면,
어디로 가서 무엇을 하고 싶나요?

BECOMING

어릴 때 조부모님이나 다른 친척
집에 갔던 일을 떠올려보세요.
그중 한 기억을 골라서,
그때 보았던 장면과 들었던 소리와
맡았던 냄새까지 빠짐없이
되살려 적어보세요.

그 어른들은 당신에게
어떤 흔적을 남겼나요?

BECOMING

좋아하는 야채를 열 가지 꼽아보세요.
그 야채를 어떻게 조리하는 게 좋은지도 각각 적어볼까요.

1.

2.

3.

4.

5.

6.

7.

8.

9.

10.

딸기는 6월에 가장 달콤하고,
상추는 색이 짙을수록 영양소가 많고,
오븐으로 케일 칩을 만드는 것이
그다지 어렵지 않다는 걸
이제는 안답니다.

자연은 당신에게
무엇을 선사하나요?

DATE   /   /

명절을 어떻게 보내나요?
가족이 소중히 여겨서
따르는 전통이 있나요?

기억에 남는 명절을 떠올려보세요.
그때 어디에, 누구와 있었나요?
어떤 음식을 먹었나요?

우리가 어떤 장소에
얼마나 애착을 느끼는지는
그곳을 떠나봐야 알 수 있습니다.
낯선 바다에서 정처 없이 떠다니는
코르크가 된 기분을 느낄 때에야
비로소 알 수 있습니다.

낯설거나 불편한 환경에 내던져진 일이 최근에 있었나요?
그 갑작스러운 변화가 당신에게 어떤 영향을 미쳤나요?

BECOMING

아이들은 누군가 자신에게
관심이 있다고 느낄 때
스스로도 자신에게
관심을 더 기울입니다.

어린 당신에게
관심을 기울여줬던 사람을
다섯 명 적어보세요.

이 사람들 중 한 명에 관해
들려주세요. 그 사람이 보내준
지지가 당신의 변화와 성취에
어떤 도움을 주었나요?

학창 시절, 어떤 방법으로
등하교를 했나요?
그 여정에 관해 적어볼까요.

어린 당신에게 가장 큰 영향을
미친 선생님은 누구였나요?
그분의 어떤 면이 그랬나요?

당신이 감당했던
가장 큰 희생은 무엇이었나요?

BECOMING

평생 나를 지탱하는 힘이 되어준 습관,
그것은 친밀하고 활기찬 여자 친구들과의
관계를 유지하는 것, 그럼으로써
여자들의 지혜라는 안전한 항구를
확보해두는 것이었습니다.

1

DATE   /   /

질리지 않고 몇 번이고 반복해서 들을 수 있는, 좋아하는 음악을 열 곡 적어보세요.

1.

2.

3.

4.

5.

6.

7.

8.

9.

10.

음악은 늘

나라는 사람을 이루는

중요한 요소였습니다.

힘들 때 듣는 노래를 떠올려보세요.
그중 가장 좋아하는 가사를 옮겨 적어보세요.

최근에 당신과는 배경이나 관점이 다른 사람과 이야기 나눴던 일을 떠올려보세요.
대화를 어떻게 이끌어갔나요?

얼굴을 맞댄 상대를
미워하기는
훨씬 어려운 법입니다.

부모님이 어린 시절을 어떻게
보냈는지 알고 있나요?
당신의 경험과는 얼마나 다르고
얼마나 비슷한가요?

BECOMING

당신의 이야기는
당신이라는 사람에게서
가장 중요한 요소입니다.
당신이 겪은 어려움, 실패, 성공,
그 밖의 모든 것이 그렇습니다.
늘 새로운 경험에 마음을 여세요.
그리고 당신의 능력을 의심하는 사람들이
당신을 가로막도록 내버려두지 마세요.

살면서 마주쳤던 어려움, 실패, 성공을 하나씩 적어보세요.
그 경험에서 무엇을 배웠나요?

어려움

실패

성공

군인으로 복무한 적이 있거나
가까운 사람이 군대에 간 일이
있나요? 나라를 위해서 일한다는
것이 당신에게는 어떤 의미인가요?

나를 모르는 사람에게
내가 어떤 사람인지 설명한다면
뭐라고 이야기할 건가요?

어떤 일에 인내와 수고를 들인 덕분에
자신을 더 사랑하게 되고 성큼 성장한 경험에 관해 적어보세요.

자기 자신이 되어가는 과정에는
인내와 수고가 둘 다 필요합니다.

누군가로부터 기대를 좀 낮게 잡는 게 좋을 거라는 말을 듣는 바람에 흔들린 적 있나요?
그때 기분이 어땠나요? 그 장애물을 극복하기 위해서 어떤 노력을 기울였나요?

그렇게 말한 사람이 틀렸던 이유를 적어보세요.

3.

5.

가장 최근에 실컷 울어본 것이
언제였나요? 펑펑 울고 난 뒤
기분이 어땠나요?

유달리 나쁜 하루를 보낸 뒤에는
어떤 방법으로 자신을 보살피나요?

변화란
새로운 단계로
넘어간다는
뜻입니다.

지금 어떤 변화를 겪고 있나요?
그것을 겪어낼 준비는
단단히 되었나요?

DATE   /   /

어릴 때 가장 좋아했던
TV 프로그램이 무엇인가요?
요새는 어떤 프로그램을
재미있게 보나요?

영화나 방송에서 제일 좋아하는
인물은 누구인가요?
그 인물이 왜 마음에 드나요?

BECOMING

요즘 새로 시작한, 신선하고 흥미로우면서도
살짝 겁나기도 하는 일이나 활동이 있나요?
하지만 걱정 마세요.
당신은 누구보다 잘 해낼 수 있습니다.
그럴 수 있는 당신의 특성을 세 가지 적어볼까요.

2

3

시간을 과거로 되돌려서
어떤 도전에 뛰어들기 전의
자신을 만날 수 있다면,
그때의 자신에게
무슨 말을 해주고 싶나요?

당신이 품은 신념들은
세월이 흐르면서 바뀌었나요?
변치 않은 부분도 있나요?

살면서 겪은 위기 중에서도
무엇이 가장 힘들었는지
생각해보세요. 어떤 일이었나요?
어떻게 그 일을 이겨냈나요?

BECOMING

세상 모든 사람은 저마다
비밀스러운 역사를 갖고 있습니다.
그 사실 하나만으로도
우리는 그들에게 관용을 보여야 합니다.

아주 오래된 일이든 최근의 일이든, 굵직한 역사적 사건이
당신의 가족에게 큰 영향을 미친 바가 있었나요?

종교를 믿는 것, 혹은 영적 경험을
추구하는 일은 당신의 인생에서
어떤 역할을 하나요?

세상에 근심이라고는
하나 없는 듯 마음이 평온했던
순간을 돌이켜 적어보세요.

BECOMING

Am I good enough?

나는 충분히 훌륭할까?

Yes I am.

그럼, 물론이지.

당신이 소중하고 참 괜찮은 사람인 이유 열 가지. 언제든 스스로를 좋아하기 어려운 날이면
이 목록을 펼쳐 읽어보세요. 당신은 언제나 그대로 충분히 훌륭한 사람이에요!

1.

2.

3.

4.

5.

6.

7.

8.

9.

10.

사랑하는 사람에게
감사 편지를 써보세요.

당신은 지역사회와
어떤 관계를 맺고 있나요?

BECOMING

당신이 지금 사는 동네는 어떤 곳인가요?
그곳은 지난 10년간 어떻게 달라져왔나요?

우리 지역 국회의원이 이런 조치를 취한다면 동네가 훨씬 더 나아질 텐데,
하고 생각하는 것이 있나요? 다섯 가지만 적어보세요.

3.

5.

당신에게 있는 재능을 적어보세요. 이 특징들을 있는 그대로 받아들이고,
남들에게도 자랑스럽게 내보일 줄 알아야 한다는 것을 잊지 마세요!

1.

2.

3.

4.

5.

6.

7.

8.

9.

10.

'리더'란 어떤 사람이라고 생각하나요? 리더 역할을 맡거나 고려해본 적이 있나요?
있다면 왜 그랬고, 없다면 또 왜 그럴까요?

자신에 대해서 품었던 걱정 가운데 사실 전혀 쓸모없었던 것이 있나요?
스스로에 대한 의심에 부딪혔을 때 어떤 방법으로 벗어나나요?

자신의 능력을 의심하는 것이
당장은 그다지 기분 좋은 일이 아니겠지만,
그 생각에만 매몰되어 있지 않는 한
나중에는 오히려 그로부터
득을 볼 수 있습니다.

자신의 진실이
세상이 정해놓은 어떤 이상에
부합하지 않는 것에
창피함이나 두려움을 느낀 나머지
자신의 이야기를 숨기고 살아가는
사람이 너무 많습니다.
하지만 그러다가
누군가 대담하게 나서서
그 이야기를
다른 방식으로 들려주기 시작하고,
그러면 모든 게 달라집니다.

용감하게 자신의 이야기를
들려준 사람을 떠올려보세요.
그 이야기를 듣고 그 사람을
보는 시각이 바뀌었나요?
혹 그 덕분에 당신 자신을 보는
시각이 달라지기도 했나요?

DATE   /   /

계절이 오가는 것을
무엇으로 아나요?
어느 달을 제일 좋아하나요?

자신의 삶에 오가는 변화도
계절처럼 자연스럽게 받아들이나요?
그렇다면, 또는 아니라면, 왜일까요?

———

내게는 무언가를 배우는 일이
꼭 마술처럼 느껴집니다.

———

배우고 싶은 게 많죠?
다섯 개만 꼽아볼까요.

어른이 된 후 새로운 기술을 익히거나 특별한 수업을 받은 적 있나요?
그 배움이 지금 당신의 삶에 어떤 변화를 가져왔나요?

역사 속 개척자들 중에서
당신에게 가장 큰 영향을 미친
인물은 누구인가요?
만약 그를 만날 수 있다면
어떤 이야기를 나누고 싶나요?

당신이 세상을 떠난 후에도
뒤에 남기고 싶은 것이 있다면
무엇인가요?

우리는 변화의 씨앗을 심고 있고,
그 열매는 보지 못할 수도 있습니다.
참을성을 가져야 합니다.

이번 주에 이룬 작은 성취를 다섯 가지 적어보세요.

2.

3.

4.

5.

변화는 작고 기본적인 것에서부터 생겨납니다.
자신 또는 타인의 삶을 바꾸기 위해 당장 이번 주에 할 수 있는 일은 무엇일까요?

남들이 당신을 멋대로 규정한 적이 있나요?
그들이 생각하는 당신은 실제 자신과 어떻게 달랐나요?

당신이 스스로 나서서
자신을 규정하지 않으면,
남들이 얼른 나서서
당신 대신 당신을
부정확하게 규정합니다.

가족이 아니지만 가족처럼
느끼는 사람이 있나요? 그 사람의
어떤 면을 가장 사랑하나요? .

BECOMING

당신에게는 멘토가 있나요?
둘의 관계를 어떻게
키워가고 있나요?

내 이야기에서 중요한 부분은
표면적 성취가 아니라
그것을 떠받친 기틀이었습니다.
그동안 내가 수없이 받았던 작은 지지들,
자신감을 키우도록 도와준 사람들이
핵심이었습니다.

친구들을 얼마나 자주 만나나요?
만나면 무엇을 하나요? 뭔가 더 함께 하고 싶은 일들이 있나요?

좋아하는 영화 리스트를 적어보세요.
기억에 남는 명대사나 한줄평을 적어보는 것도 좋아요!

1. _____

2. _____

3. _____

4. _____

5. _____

6. _____

7. _____

8. _____

9. _____

10. _____

기부나 봉사 활동을 해본
적이 있나요? 어떤 사람들을
돕는 활동이었나요?

사람들의 삶을 더 낫게 바꾸는
일을 해본 적 있다면, 무엇인가요?

고등학교나 대학의 졸업식에서 축하 연설을 하게 된다면,
졸업생들에게 무슨 조언을 해주고 싶나요?

오늘 당신에게 어떤 일이 있었나요?
순조롭거나 기분 좋았던 일 다섯 가지를 떠올려서 적어보세요.

2.

3.

4.

5.

자신을 보살핀다는 것이
무엇이라고 생각하나요?
스스로를 보살필 시간을
좀 더 낼 수 있을까요?

특별히 보살피는 사람이 있나요?
그 관계가 당신에게는
어떤 의미인가요?

버락의 강한 목적의식과 함께 산다는 것은
적응이 좀 필요한 일이었습니다.
그가 그런 신념을 과시해서가 아니었습니다.
그저 그것이 너무 생생하기 때문이었습니다.

삶의 목적을 어디에서 찾나요?
그 목적의식을 공유하는
사람이 있나요?

BECOMING

상실을 겪은 적 있나요?
그 경험이 삶에
어떤 영향을 미쳤나요?

당신은 무엇에서
행복을 느끼나요?

남들은 괜찮다고 했지만 당신 스스로는 어쩐지 길을 잘못 들어섰다고 느낀 적이 있나요?
그때 결국 어떤 결정을 내렸나요?

우리 사회가 시급히 풀어야 한다고 여기는 문제가 뭐라고 생각하나요?
열 가지를 적어볼까요.

1.

2.

3.

4.

5.

6.

7.

8.

9.

10.

When they go low, we go high.

상대가 수준 낮게 굴더라도,
우리는 품위 있게 갑시다.

이런 태도를 실현하고 있나요?
당신의 경험을 들려주세요.

BECOMING

첫사랑 이야기를 들려주세요.

세상은 결코 친절하지 않죠.
당신 혹은 당신의 가족은
바깥세상으로부터 받은 압박에
어떻게 대응했나요?

BECOMING

당신이 품은 포부 때문에 가장
사랑하고 의지하는 사람들과
뜻이 맞지 않는 상황에 처한 적
있나요? 서로 다른 두 입장을
어떻게 아울렀나요?

좋아하는 일을 할 시간을 더
낼 수 있다면, 무엇을 할 건가요?

BECOMING

직장 생활과 가정생활을
둘 다 잘하고 싶었지만,
어느 쪽이 다른 쪽을 찍어 누르지 않는다는
보장이 있어야 했습니다.
정확히 어머니처럼 되고 싶으면서도
결코 어머니처럼 되고 싶지 않았습니다.
생각할수록 혼란스러웠습니다.
나는 둘 다 가질 수 있을까? 둘 다 갖게 될까?
알 수 없었습니다.

가정생활과 일이라는 두 세계처럼,
서로 맞서는 두 세계 사이에서
어떻게 균형을 유지하나요?

DATE   /   /

가족과 함께 나들이했던 추억을 열 가지 적어보세요.

1.

2.

3.

4.

5.

6.

7.

8.

9.

10.

옆의 목록에서 하나를 골라서 더 세세히 떠올려보세요.
무엇을 했고, 어디로 갔고, 누구와 함께였나요?

BECOMING

고맙다고 느끼는
사람이나 일이 있나요?

고마움을 어떻게 표현하나요?

BECOMING

삶의 방향을 홱 꺾어야 했던
적이 있나요?
그 경험이 무엇을 남겼나요?

풍파 속에서도 늘 마음의 중심을
지키는, 당신만의 방법이 있나요?

최근 유달리 힘든 하루가 있었나요?
그런 날 무얼 하는 걸 좋아하나요?

무엇이 당신에게 의욕과 자극을 주나요?
머릿속에 퍼뜩 떠오른 것들 열 가지만 적어보세요.

1.

2.

3.

4.

5.

6.

7.

8.

9.

10.

내가 아는 성공한 사람들은
남들의 비판을 견디는 법을,
대신 자신을 믿어주는 사람들에게 의지하며
목표를 꿋꿋이 밀고 나가는 법을
터득하고 있었습니다.

숱한 장애물을 넘어 자신의 목표를 이뤄낸 사람을 알고 있나요?
그 사람은 어떻게 해낼 수 있었나요? 그 과정을 지켜보며 배운 점이 있나요?

스스로 나서서 무언가를 주장해야 했던 때를 떠올려 적어보세요.
어떻게 용기를 냈나요? 거리끼는 마음이 들었다면 왜인가요?

남을 위해서 대신 나서야 한다는 의무감이 들었던 적이 있나요?
어떤 상황이었고 결과는 어땠는지 들려주세요.

당신의 롤모델은 누구인가요?
그 사람에게서
어떤 영향을 받았나요?

당신을 롤모델로 여기는
사람이 있나요? 어떻게
그의 열정을 북돋워주나요?

DATE   /   /

매일 아침의 일과 중 가장 좋아하는 일은 무엇인가요?

하루 일과를 마친 뒤 쉴 때 하는 일을 적어보세요.

2.

3.

4.

5.

가장 좋아하는 요리의 레시피를 적어보세요.
당신만의 요리법에는 어떤 차별점이 있나요?

당신의 이름은 무슨 뜻인가요? 거기에 어떤 사연이 있나요?
지금의 자신이 되기까지 그 이름에서 영향을 받은 바가 있을까요?

BECOMING

DATE   /   /

최근 크게 화낸 적이 있나요?
무슨 이유로 화가 났나요?

역사책을 다시 쓸 수 있다면,
지금 빠져 있는 내용 중
무엇을 더하고 싶나요?

DATE   /   /

당신이 꿈꾸는 세상을
묘사해보세요. 동네도 좋고,
한 나라건 전 세계건 좋습니다.
그곳에 어떤 변화가
일어나는 걸 보고 싶나요?

자라온 환경이나 타고난 피부색,
정치적 신념 따위와 무관하게
우리는 모두
불안이나 속수무책에 빠지는 느낌이
무엇인지 이해합니다.
목표 지점까지 갈 길이 먼데
너무 느리게 나아가고 있다는 기분에
어쩐지 좌절감에 빠져드는 경험은
누구에게나 있습니다.

당신에게 중요한 의미가 있는 장소에 관해 들려주세요.

인생에서 가장 소중한 사람을 딱 한 명만 꼽는다면?
그 사람을 어떻게 만났고, 앞으로 둘 사이에는 어떤 일이 있을까요?

BECOMING

어릴 때 어떤 책을 좋아했나요?

2.

3.

4.

5.

당신이 아는 사람 가운데 정말로 지혜롭다고 여기는 사람은 누구인가요?

BECOMING

DATE   /   /

오랫동안 만나지 못한 누군가에게
보낼 편지를 여기 써보세요.
그동안 당신이 어떻게 지냈는지를
그 사람에게 들려주세요.

BECOMING

나는 그때까지 드레스를
걸쳐본 적이 거의 없었습니다.
하지만 제이슨 우의 작품은
작은 기적을 발휘하여,
더는 남들에게 보여줄 내가 없다고
느끼던 시점에 스스로를 다시
부드럽고 아름답고 개방적인 존재로
느끼게끔 만들어주었습니다.

좋아하는 옷 열 가지를 꼽아보세요.
그 옷에 관한 기억도 적어보세요.

1. _____

2. _____

3. _____

4. _____

5. _____

6. _____

7. _____

8. _____

9. _____

10. _____

학교 교육은 당신의 삶에서
어떤 역할을 했나요?

교육은 내 삶을 바꿔준
가장 중요한 도구였고
내가 세상으로 진출하도록 해준
발판이었습니다.

어린 시절의 추억 중 가장 좋아하는 것을 하나 떠올려서
최대한 자세히 적어보세요.

오늘 집에 오면서 본 것, 하지만 남들은 아마 못 봤을,
나에게만 특별한 장면들을 적어보세요.

1. _____

2. _____

3. _____

4. _____

5. _____

6. _____

7. _____

8. _____

9. _____

10. _____

딱 하루만 저녁 혹은 오후 내내 소셜미디어나 뉴스를 보지 않고 지내보세요.
무엇을 했나요? 잠시나마 그렇게 접속을 끊고 지내본 기분이 어떻던가요?

DATE   /   /

요즘 참여하는 모임이 있나요?
혹은 참여하고 싶은 모임이 있나요?

BECOMING

너는
중요한
존재야.

이 단순한 메시지를
꾸준히 들려주는
부모님과 선생님과
멘토가 있었다는 점에서
나는 행운이였습니다.

당신이 중요한 존재라는 느낌을 갖게 해주는 사람이 있나요?
그 사람은 어떻게 당신에게 그런 느낌을 주나요?

건강을 위해서 무엇을 하나요?

가족에게서 들었던 말 중에 좋아하는 말이 있다면 여기 적어보세요.
누가 한 말인가요? 그 말이 당신에게 어떤 의미를 갖나요?

아버지는 운전할 핑계가 생기면
늘 반겼습니다.
청동색에 문이 두 짝인 뷰익 일렉트라 225를
자랑스러운 심정으로
'듀스(2)와 쿼터(25)'라고 부르면서
애지중지했습니다.

당신의 첫 자전거, 혹은 자동차에 관해 적어보세요.
누가 그 운전을 가르쳐주었나요?

DATE   /   /

지금까지 해본 장거리 여행 중에서
가장 멀리 갔던 건 언제였나요?

당신은 어디에 몸담고 있나요?
어떻게 하면 당신이 소속된
그곳이 더 나은 곳이 될까요?

BECOMING

DATE   /   /

당신은 아이들을 존중하나요?
어떤 방식으로 그 뜻을 전하나요?

아이들은 아무리 어려도
남들이 자신을 낮잡아 본다면
귀신처럼 그 사실을 알아차립니다.

잠을 못 이루게 하는
걱정이 있나요?

올해는 작년과
어떻게 달랐나요?

BECOMING

이달 안에 해내고 싶은 일 다섯 가지를 꼽아볼까요.

2.

3.

4.

5.

이 저널을 덮고, 눈을 감고, 심호흡을 열 번 하세요.
지금 느낀 기분을 적어보세요.

아끼는 물건을 남에게
줬던 일을 떠올려보세요.
무엇이었고, 왜 주었나요?

마지막으로 노을을 본 게
언제였나요?
그때 무얼 하던 중이었나요?

DATE   /   /

Becoming이란 단어는 당신에게 어떤 의미인가요?

비커밍,
저에게 그것은
앞으로도 더 성장할
여지가 있다는 생각을
언제까지나
버리지 않는 것입니다.

비커밍 다이어리북

초판 1쇄 발행 2019년 12월 24일

지은이 미셸 오바마 **옮긴이** 김명남
발행인 이재진 **단행본사업본부장** 김정현 **편집주간** 신동해
책임편집 김경림 **디자인** 데시그 윤여경 **마케팅** 이현은 문혜원
홍보 박현아 최새롬 **제작** 정석훈 **저작권업무** 김은정

발행처 (주)웅진씽크빅 **출판신고** 1980년 3월 29일 제 406-2007-000046호
주소 경기도 파주시 회동길 20 **주문전화** 02-3670-1595 **팩스** 031-956-0817
ISBN 978-89-01-23904-0 (03190)

한국어판 출판권 ⓒ (주)웅진씽크빅. 2019
이 책의 한국어판 저작권은 EYA(Eric Yang Agency)를 통해 Clarkson Potter와 독점 계약한
'주식회사 웅진씽크빅'에 있습니다. 저작권법에 의하여 한국 내에서 보호를 받는 저작물이므로
무단전재 및 복제를 금합니다.
이 책 본문에 수록된 인용문의 출처는 모두 미셸 오바마의 자서전 「비커밍」(2018, 웅진지식하우스)
입니다.

* 웅진지식하우스는 (주)웅진씽크빅 단행본사업본부의 브랜드입니다.
* 책값은 뒤표지에 있습니다. 잘못된 책은 구입하신 곳에서 바꾸어 드립니다.

BECOMING
brave

passionate

BECOMING
kind

BECOMING
happy

curious

grateful

bold

secure

BECOMING
strong

BECOMING
honest

inspired

accepting

open

daring

BECOMING
grateful